SuperStars

Spinnen auf der Spur

Sarah Love

Inhalt

Die **fett** gedruckten Wörter werden auf Seite 31 erklärt.

Ganz gleich, wie groß oder klein sie sind – alle **Spinnentiere** sind Raubtiere. Was sie fressen, hängt von ihrer Größe und Kraft ab. Die meisten leben von kleinen Insekten und anderen Spinnen. Jedoch können einige größere Spinnen auch große Insekten, Skorpione, Eidechsen, Fische und kleine Säugetiere angreifen.

Man kennt 35 000 Spinnenarten. Man findet sie auf Berggipfeln, in Gärten und sogar unter Wasser. Spinnen sind faszinierende Lebewesen.

Das Äußere

Spinnen haben kein Skelett im Körperinneren. Sie haben eine harte Außenschale, die man Exoskelett nennt. Weil es hart ist, kann es nicht mit der Spinne wachsen. Das hat zur Folge, dass junge Spinnen ihr Exoskelett abwerfen müssen – sie müssen sich „häuten". Dabei müssen die Spinnen durch das **Prosoma** ihrer alten Hülle herausklettern.
Einmal frei dehnen sie sich, bevor das neue Exoskelett aushärtet. Das verschafft ihnen ein bisschen mehr Platz zum Wachsen. Wenn sie erwachsen sind, ist die Wachstumsphase abgeschlossen und sie brauchen sich nicht länger zu „häuten".

Wenn eine Spinne ihr Exoskelett abwirft, wird das „Häuten" genannt.

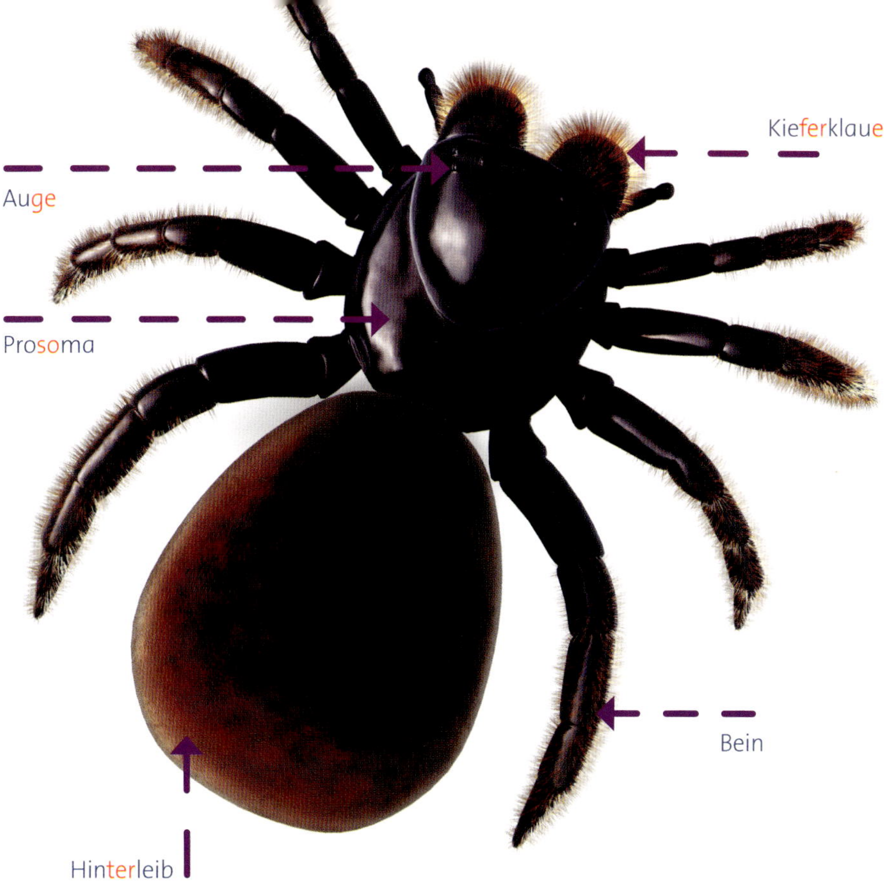

Kieferklaue

Auge

Prosoma

Bein

Hinterleib

Anders als Insekten, deren Körper aus drei Teilen besteht, haben Spinnen zwei Körperteile: das Prosoma und den **Hinterleib**.

Spinnen haben Kieferklauen, mit denen sie Gift in ihre Beutetiere spritzen können.

Sie haben acht Beine. Die meisten haben acht Augen.

Spinnenaugen

Die Augen der Spinnen sitzen ganz vorne, oben am Kopf. Die Größe, Anzahl und Position der Augen variiert von Art zu Art. Die meisten Arten haben acht Augen, die in zwei Viererreihen angeordnet sind.

Das Innere

Das Innere einer Spinne ähnelt dem Inneren vieler anderer Tiere. Spinnen haben ein Gehirn – es ist das Kontrollzentrum des Körpers. Sie haben ein Herz, das Blut in ihre lebenswichtigen **Organe** pumpt und Lungen zum Atmen. Sie besitzen außerdem ein Verdauungssystem, um Nahrung in verwertbare **Nährstoffe** aufzuspalten.

Spinnen können nicht kauen. Ihr Gift verwandelt ihre Beute in eine flüssige Mahlzeit, die sich leicht verdauen lässt.

Atmung

Spinnen können auf zwei Arten Luft holen: mithilfe von Luftfiltern, die in Form von Schlitzen am Hinterleib sitzen und durch Atmungskanäle, die man **Tracheen** nennt.

Spinnen besitzen eine Spinndrüse, mit deren Hilfe sie
Spinnenseide erzeugen können. Sie benutzen sie, um Netze
zu weben, ihre Beute und Eier einzuwickeln und um
Stolperfäden und klebrige Fallen herzustellen.
    Ebenso einzigartig ist die Art, wie Spinnen mithilfe ihrer
Kieferklauen Gift in ihre Beute spritzen.

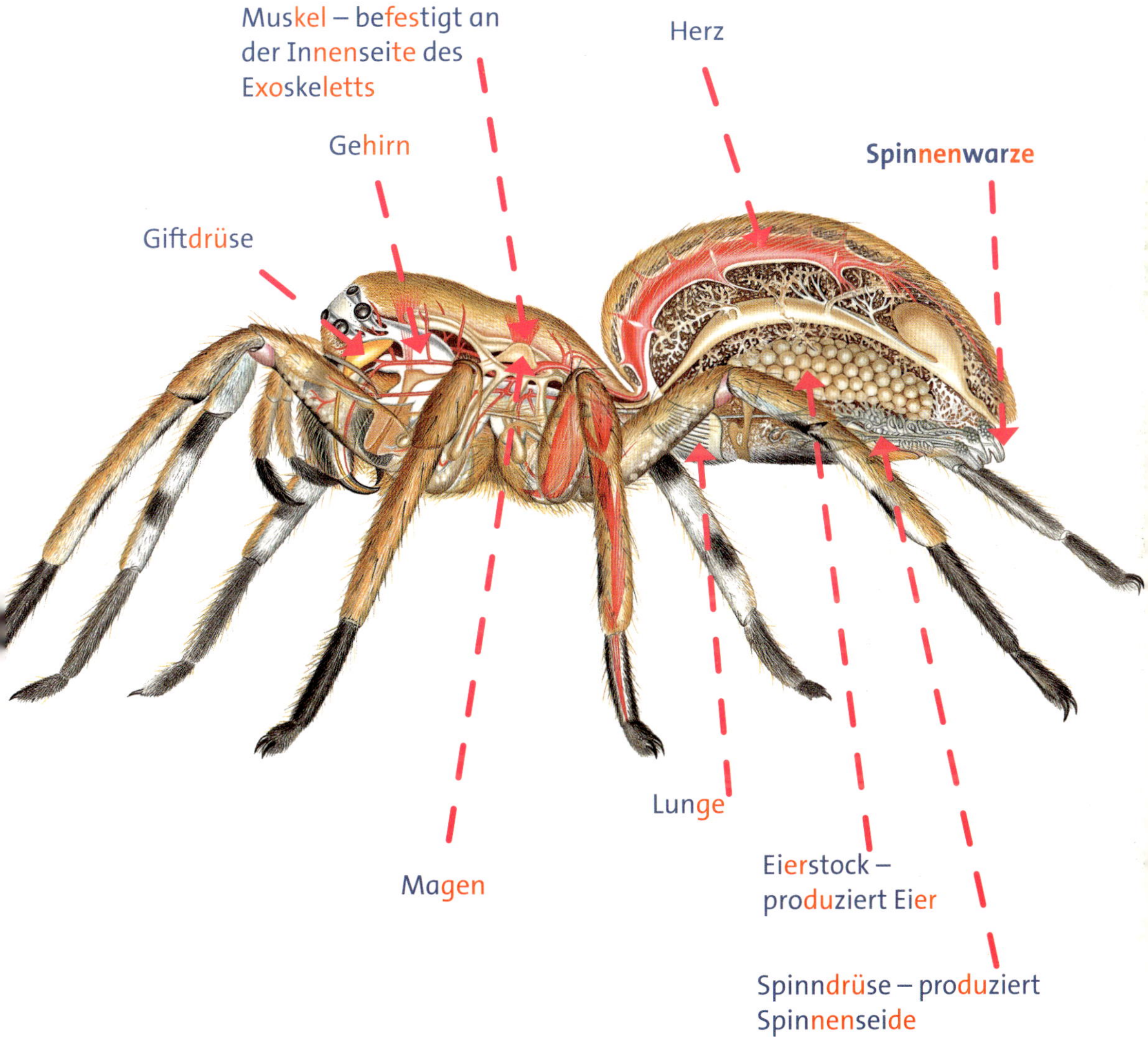

Muskel – befestigt an
der Innenseite des
Exoskeletts

Herz

Gehirn

Spinnenwarze

Giftdrüse

Lunge

Magen

Eierstock –
produziert Eier

Spinndrüse – produziert
Spinnenseide

Lebenszyklen der Spinnen

Innerhalb weniger Wochen nach der Paarung legen Spinnenweibchen ihre Eier ab. Einige produzieren nur wenige Eier auf einmal, andere können 1000 Eier oder mehr legen! Alle Eier werden von dem Muttertier in Spinnenseide gewickelt, um sie feucht zu halten und vor **Parasiten** und Raubtieren zu schützen. Viele Muttertiere sterben, kurz nachdem sie ihre Eier abgelegt haben. Das bedeutet, dass ihre Jungen zurückgelassen werden, um alleine zu schlüpfen.

Dieses Weibchen hat ihre Eier auf der Rinde eines Baumes abgelegt. Wenn sie stirbt, werden sie eine leichte Beute für Raubtiere sein.

Die Raubspinne trägt ihren Eiersack stets bei sich. Sobald ihre Jungen zum Schlüpfen bereit sind, webt sie eine Kinderstube aus Spinnenseide. Danach wird sie die Jungen bewachen und kleine Raubtiere, die zu nahe kommen, vertreiben.

Schlüpfende Spinnen müssen zuerst einmal die Eierschale durchbrechen und sich ihren Weg aus dem Eiersack freikämpfen. Die ersten paar Tage fressen sie nichts, sondern leben von ihrem Dottersack. Einige junge Spinnen haben Mütter, die sie beschützen und füttern, aber die meisten müssen für sich selbst sorgen.

Die erste Mahlzeit

Die Fensterspinnen opfern sich selbst als erste Mahlzeit für ihre Spinnenkinder.

Meister der Webkunst

Spinnen sind geschickte Netzeweber. Die meisten Spinnenarten weben ihre Netze in der Nacht und verstecken sich tagsüber. Andere sind bei Tag und Nacht aktiv. Ein Netz zu weben ist harte Arbeit. Nachdem sie eines gebaut haben, sparen sie ihre Energie und warten ab, bis ein Insekt in ihre klebrige Seidenfalle tappt.

Spinnen können bis zu acht verschiedene Arten von Spinnenseide produzieren, die verschiedenen Zwecken dient. Wenn die Spinne die noch flüssige Spinnenseide mithilfe ihrer Hinterbeine herauszieht, wird sie zu einem sehr feinen, aber sehr starken Faden. Die Spinnenseide kann elastisch sein und um das dreifache ihrer Länge gedehnt werden, ohne zu reißen.

Arten von Spinnennetzen

Radnetze sind spiralförmig.

Raumnetze haben mit Leimtröpfchen besetzte, senkrecht zum Boden verlaufende Fangfäden, die Laufinsekten fangen sollen.

Dreieckige Radnetze funktionieren wie Schlagfallen. Die Spinne sitzt auf einem Brückenfaden, der alle Elemente des Netzes miteinander verbindet. Sie spannt den Faden mit ihren Vorder- und Hinterbeinen und lässt ihn los, wenn sich ein Beutetier dem Netz nähert. Die Falle schnappt zu.

Decken- und Gerüstnetze bestehen aus einem Labyrinth von vertikalen Fäden und Zwischendecken. Fällt ein Beutetier in das Netz, wird es von der Spinne erst durch das Netz hindurch gebissen und dann gefressen.

Diese Kreuzspinne hat die Fähigkeit, ein kompliziertes, spiralförmiges Radnetz zu spinnen.

Auf Beutefang

Nicht alle Spinnen benutzen Netze, um sich Nahrung zu verschaffen. Einige stöbern ihre nächste Mahlzeit aktiv auf. Manche jagen während der Nacht, andere tagsüber. Jagende Spinnen können besser sehen als Webspinnen, doch orten sie ihre Beute hauptsächlich mithilfe ihres Vibrationssinnes. Dann reagieren sie blitzschnell. Sie greifen sich ihre Beute mit ihren Vorderbeinen, ziehen sie zu ihren ausgeklappten Kieferklauen heran und töten sie, indem sie Gift spritzen.

Bewegung der Kieferklauen

Bei Spinnen gibt es zwei Arten, wie sich ihre Kieferklauen bewegen. Mit beiden können Spinnen ihre Beute greifen und festhalten. Einige Spinnen, wie Vogelspinnen und Falltürspinnen, haben gerade nach unten und nicht gegeneinander ausgerichtete Beißklauen. Andere Spinnen, zum Beispiel die Rotrückenspinnen und die Wolfsspinnen, haben Klauen, die sich zusammenführen und einklappen lassen.

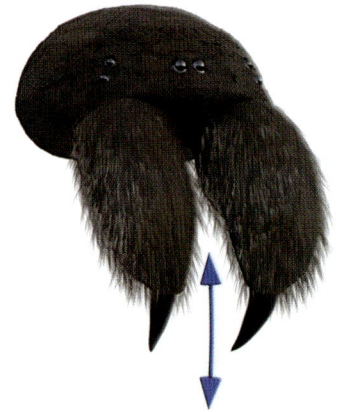

Klauen schlagen nach unten zu

seitwärts gerichtete Klauen

Portia-Springer

Die listige Spinne

Die meisten Spinnen verwenden immer die gleiche Jagdmethode – ganz gleich, welche Beute sie angreifen. Die Portia-Springspinne jedoch passt ihre Jagdmethode der Spinnenart an, die sie gerade jagt. Wenn sie auf ein Netz stößt, klopft sie es sanft ab und gibt damit vor, ein werbendes Männchen zu sein, das einen Begrüßungstanz vollführt. Das probiert sie so lange, bis sie die richtige Botschaft herausgefunden hat und das Spinnenweibchen herauskommt, um seinen Partner zu treffen. Die Springspinne greift dann das Weibchen an.

13

Verteidigungsstrategien

Spinnen stehen auf der Speisekarte vieler verschiedener Tierarten, zu denen Insekten, Frösche, Eidechsen, Vögel, Säugetiere und besonders andere Spinnen gehören. Deswegen haben Spinnen viele Verteidigungsstrategien entwickelt. Einige Spinnen verstecken sich einfach. Andere lassen sich plötzlich aus dem Netz fallen, in der Hoffnung, so nicht entdeckt zu werden. Einige entkommen, indem sie sich **tarnen** oder so aussehen, als wären sie ein gefährlicheres Tier.

Um Wespen zu entkommen, nimmt die Radspinne die Form eines Rades an. Sie dreht sich auf die Seite, winkelt ihre Beine an und bewegt sich radschlagend die steile Sanddüne hinunter.

Diese
nordamerikanische
Falltürspinne lebt
versteckt in einer
Erdhöhle.
Wird sie von einer
Wespe aufgespürt,
benutzt die Spinne
einen Notausgang,
um zu entkommen.
Den Schacht riegelt
sie mit einer inneren
Falltür ab.

Diese Sackspinne imitiert Wespen und hat
lange Spinnwarzen an ihrem Hinterleib,
die den Antennen auf dem Kopf einer
Wespe ähneln.
Das schreckt Raubtiere ab, die die Spinne
für eine Wespe halten.

Die Sinne der Spinnen

Spinnen überleben, indem sie ihre Sinne benutzen. Sie nutzen ihre Sinnesorgane aber auch, um zu kommunizieren.

Die Wolfsspinne winkt mit den Beinen, führt spezielle Tänze auf und macht sogar Geschenke, um ihren möglichen Partner zu beeindrucken.

Spinnen sehen mit einer Reihe von Augen, die entlang der Vorderseite ihres Prosomas liegen. Bei den meisten Spinnen erzeugt ein Augenpaar das Bild, während die übrigen Augen Bewegungen orten. Die meisten Spinnen haben jedoch eine sehr eingeschränkte Sehfähigkeit. Sie sind auf Körperhärchen angewiesen, mit denen sie ihre Umwelt wahrnehmen können. Einige dieser Härchen erkennen Bewegungen, während andere zum Riechen und Schmecken benutzt werden. Spinnen haben außerdem winzige Schlitze in ihrem Exoskelett, die auch sehr empfindlich auf Schwingungen reagieren.

Männliche Radnetzspinnen sind mit empfindlichen Härchen bedeckt. Trifft eine Schwingung aus irgendeiner Richtung auf das Haar, bewegt das Härchen sich. Daraufhin leiten die Nerven eine Nachricht an das Gehirn weiter, dass entweder eine Gefahr oder das Mittagessen in der Nähe ist.

Springspinnen

Es gibt mehr als 4 000 verschiedene Arten von Springern und sie leben an jeglichen – außer den kältesten – Plätzen der Erde. Ihren Namen haben sie von ihrer Fähigkeit zu springen. Während sie jagen, können sie das 50-fache ihrer eigenen Körpergröße überspringen.

Ungewöhnlich an Springspinnen ist, dass sie tagsüber jagen. Ihre Sehstärke übertrifft die aller anderen Spinnen und ist wichtig für ihre Jagd. Auch die Männchen sind leuchtend gefärbt. Sie führen Balztänze auf, um Weibchen anzulocken.

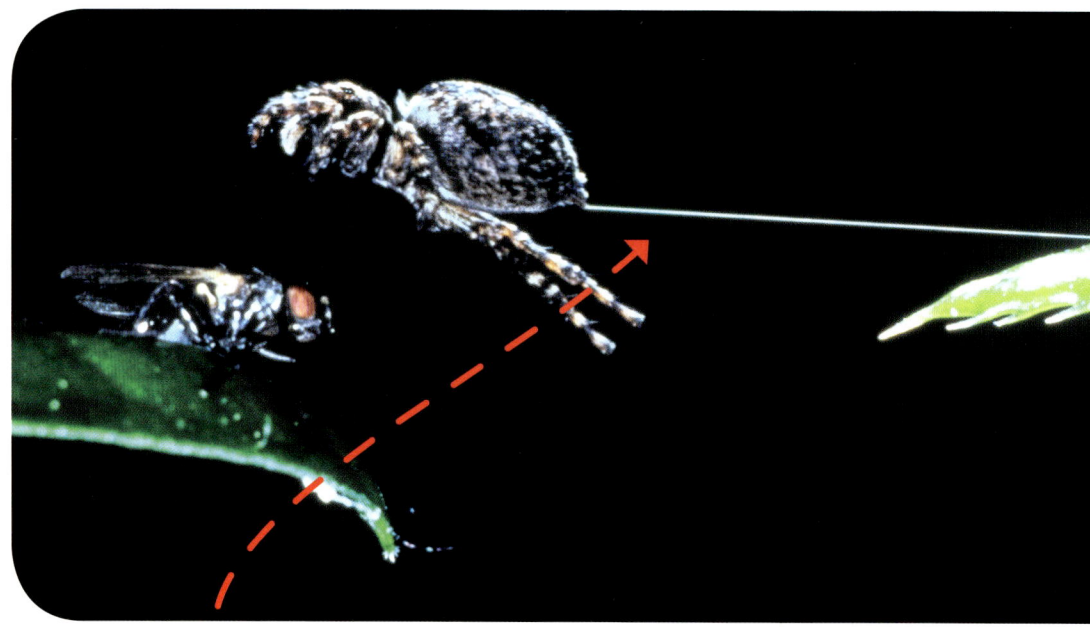

Bevor sie sich auf ein Opfer stürzen, sichern sich Springspinnen mit einem Faden aus Spinnenseide, an dem sie baumeln, falls sie fallen sollten. Mit seiner Hilfe können sie sich dann wie ‚Spiderman' wieder in Sicherheit bringen.

Springspinnen nutzen ihre starken Hinterbeine, um sich auf ihre Beute zu stürzen und sie erlauben ihnen, das 50-fache ihrer eigenen Körpergröße zu überspringen.

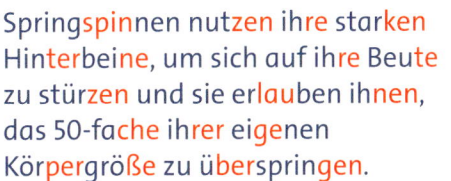

Fantastische Augen

Die Augen von Springspinnen sind so angeordnet, dass sie gleichzeitig in fast jede Richtung sehen können. Sie haben große Augen vorne am Kopf und drei Augenpaare am hinteren Teil ihres Prosomas.

Giftspinnen

Von den 35 000 bekannten Spinnenarten verfügen nur 30 über ein Gift, das für Menschen gefährlich ist. Einige von ihnen sind lebhafte Lauerjäger oder Jagdspinnen, andere dagegen ruhige Netzespinner. Die meisten kommen in tropischen Ländern vor – in Gebieten, wo nur wenige Menschen leben.

Spinnen sind imstande zu kontrollieren, wie viel Gift sie verabreichen. Weil die Produktion von Gift die Spinnen Energie kostet, achten sie darauf, es nicht zu verschwenden.

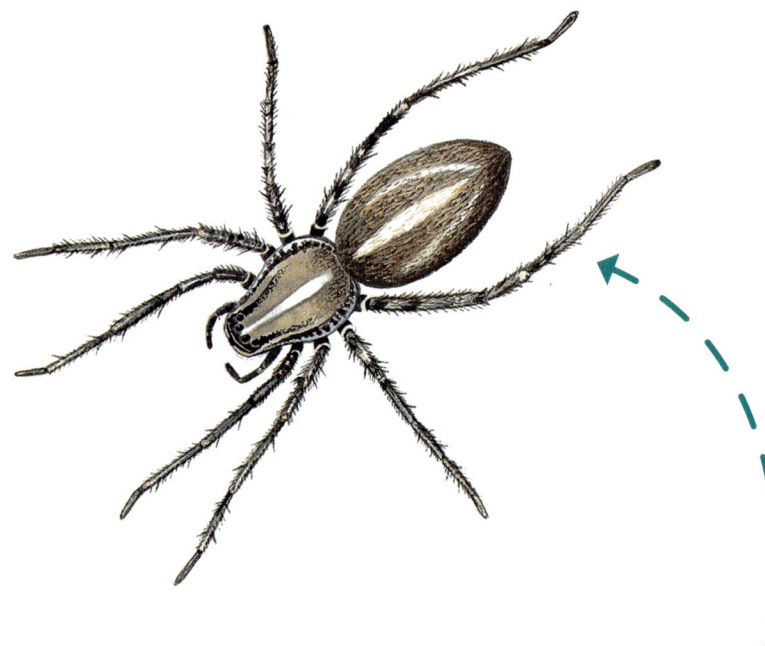

Die Brasilianische Wanderspinne ist eine der gefährlichsten Spinnen der Welt. Sie ist groß und angriffslustig und besitzt ein schnell wirkendes Gift. Es kann einen Menschen in nur 15 Minuten töten.

Schutz vor Gift

Bis ins späte 19. Jahrhundert gab es nicht viel, was gegen den Biss einer Giftspinne half. In der Zwischenzeit haben Wissenschaftler viele Gegengifte gefunden. Zunächst muss der Spinne eine Probe des Giftes entnommen werden. Dafür versetzt man ihr einen kleinen Elektroschock, der dafür sorgt, dass sich die Giftdrüsen zusammenziehen und ihr Gift verspritzen.

Kleine Mengen dieses Giftes werden dann einem Tier, zum Beispiel einem Pferd, gespritzt. Das Tier entwickelt daraufhin **Antikörper**, die die Wirkung des Giftes bekämpfen. Diese Antikörper werden dem Blut des Tieres entnommen und dem Opfer des Spinnenbisses verabreicht, um es zu heilen.

Eine Wissenschaftlerin
bei der Giftentnahme

Vogelspinnen unter der Lupe

Vogelspinnen ernähren sich von Eidechsen, Fröschen, Mäusen und sogar von Vögeln. Sie „sehen" hauptsächlich mit den Sinnesorganen an ihren Beinen. Wenn die Vogelspinne zum Angriff bereit ist, hebt sie ihren Körper schneller als das menschliche Auge wahrnehmen kann. Sie hebt ihre Beißklauen und schlägt sie etwa 1 cm tief in ihr Opfer.

Die meisten Vogelspinnen werden 7 bis 14 Jahre alt. Die Weibchen der Mexikanischen Rotknie-Vogelspinne können sogar über 30 Jahre alt werden.

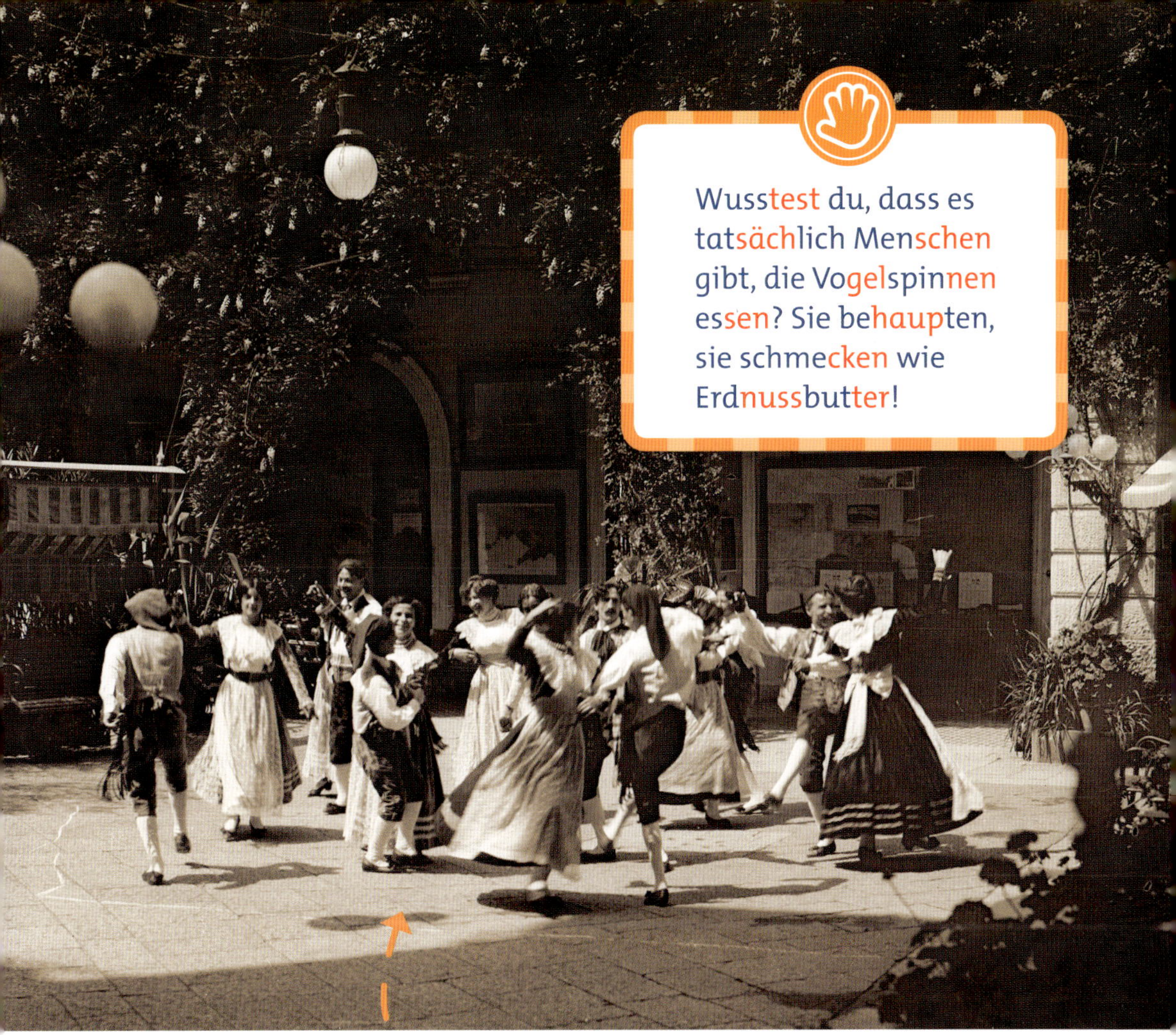

Wusstest du, dass es tatsächlich Menschen gibt, die Vogelspinnen essen? Sie behaupten, sie schmecken wie Erdnussbutter!

Die Tarantella ist ein schöner Tanz zum Vorführen, aber Tanzen bis zum Umfallen macht keinen Spaß!

Der Vogelspinnentanz

Im 14. Jahrhundert glaubte man, dass von einer Vogelspinne gebissene Menschen wild und bis zur völligen Erschöpfung tanzen sollten. Sie dachten, dann würden sie nicht sterben, weil sie damit das Gift aus dem Körper treiben würden. Diese Erscheinung bezeichnet man als Tanzwut. Der Tanz selbst wurde zum traditionellen Volkstanz namens Tarantella.

Rotrückenspinnen unter der Lupe

Die Rotrückenspinne findet man in ganz Australien. Sie lebt unter Gesteinsbrocken und gefällten Baumstämmen in Trockenwäldern und Wüsten. Man findet sie auch an trockenen, geschützten Plätzen unter Hausdächern, in Scheunen und Gärten.

Das Rotrückenspinnenweibchen hat einen glänzenden schwarzen Körper mit einem roten Muster auf ihrem Leib. Ein roter oder orangefarbener Streifen verläuft über ihren Rücken.

Das Männchen ist im Gegensatz zum Weibchen eher braun und hat ein hellbraunes Muster auf seinem Leib.

Die Bisse von Rotrückenspinnen sind selten tödlich – trotzdem kann der Biss eines Weibchens sehr schmerzhaft sein und Krankheiten verursachen. Das Männchen ist nur halb so groß wie das Weibchen und ist deshalb zu klein, um Menschen gefährlich zu werden. Glücklicherweise ist die Rotrückenspinne ziemlich scheu und langsam, sodass nur wenige Menschen gebissen werden. Die meisten Bisse passieren bei der versehentlichen Berührung einer Spinne.

Spinnenmenschen

Wissenschaftler, die Spinnen erforschen, werden **Arachnologen** (oder: Spinnenkundler) genannt. Sie entnehmen ihnen Gift, um dabei zu helfen, Heilmittel gegen **toxische** Spinnenbisse herzustellen. Andere untersuchen Spinnen, um Medikamente gegen bestimmte Krankheiten zu entwickeln, wie Krebs und Herzerkrankungen.

Spinnenseide als Rettung

Wusstest du, dass Spinnenseide benutzt wird, um Wunden zu nähen?
Außerdem wurde mit ihr experimentiert, um herauszufinden, ob sie zur Herstellung von Schutzkleidung verwendet werden könnte. Zum Beispiel von kugelsicheren Westen.

Viele Arachnologen untersuchen Spinnenseide.
Die Seide ist glatt, glänzend, geschmeidig und stark.
Die Seide von einigen Spinnen kann auf ihre dreifache
Länge gedehnt werden, bevor sie reißt. Sie ist außerdem
extrem leicht. Wissenschaftler versuchen herauszufinden,
wie man Spinnenseide nachmachen könnte, um sie für
viele verschiedene Dinge zu benutzen.

Arachnologen arbeiten auch im Bereich des
Naturschutzes. Weil viele Lebensräume zerstört worden
sind, sind hunderte von Spinnenarten vom Aussterben
bedroht. Die Spinnenkundler züchten seltene Spinnen.
Sobald ihre Lebensräume wieder sicher sind, können sie
dann in die Wildnis entlassen werden.

Spinnen beobachten

Spinnen sind sehr scheu und verstecken sich gerne.
Trotzdem ist es nicht schwer, eine in der Nähe zu finden.
Suche in Zimmern nach Radnetzen. Die Spinnen sitzen in
der Mitte ihres Netzes oder haben sich in eine Zimmerecke
zurückgezogen. Trockene, dunkle Dachböden, Steine oder
Holzstapel sind ebenfalls Plätze, wo Spinnen sich
gewöhnlich verstecken.

Spinnen haben lange Beine und einen
weichen Körper. Man kann sie sehr leicht
verletzen oder sogar zerquetschen und
töten, wenn man nicht vorsichtig mit
ihnen umgeht.

Mithilfe eines durchsichtigen Kunststoffgefäßes lassen sich Spinnen prima beobachten. Stülpe das Gefäß mit der offenen Seite einfach über die Spinne. Sei sehr vorsichtig, um die Beine nicht zu verletzen. Setze langsam und behutsam den Deckel auf das Gefäß. Jetzt kannst du sie genau betrachten.

Wenn du fertig bist, lasse die Spinne dort frei, wo du sie gefunden hast.

Die Haut einer Spinne ist sehr zerbrechlich. Achte deshalb darauf, sie nicht zu berühren. Wenn es sich nicht vermeiden lässt, benutze eine Pinzette aus Kunststoff.

Was Spinnen können

Kannst du dich erinnern, welche Spinne was macht? Sieh in diesem Buch nach, um die richtigen Antworten zu geben.

Welche Spinne nimmt die Form eines Rades an und entkommt ihren Feinden rollend?

Bei welchen Spinnen stehen sogar Vögel auf dem Speiseplan?

Welche Spinne baut eine Kinderstube aus Spinnenseide und trägt sie mit sich herum?

Das Gift welcher Spinne kann einen Menschen in nur 15 Minuten töten?

Welche Spinnen passen ihre Jagdmethode der Spinnenart an, nach der sie jagt?

 Brasilianische Wanderspinne

 Portia-Springspinne

 Radspinne

 Raubspinne

 Vogelspinne

Worterklärungen

Antikörper Eiweißverbindungen, die im Blut gebildet werden, um Bakterien und Keime zu zerstören

Arachnologe Wissenschaftler, der sich mit Spinnen und anderen Spinnentieren befasst

Hinterleib Körperteil, das den Magen und die Eingeweide beinhaltet

Nährstoffe Grundbestandteile der Nahrung, die Energie zur Verfügung stellen oder Wachstum möglich machen

Organe Spezialisierte Teile eines Körpers, die aus verschiedenen Stoffen (Zellen und Gewebe) bestehen

Parasiten Lebewesen, die in oder auf einem Wirt leben (zum Beispiel einem anderen Tier oder einer Pflanze), um sich von ihm zu ernähren, jedoch ohne ihn zu töten

Prosoma Vorderleib bei Spinnentieren

Spinnentiere große Klasse der Gliederfüßer, zu der Spinnen, Zecken, Skorpione und Weberknechte gehören, die vier Laufbeinpaare haben und keine Flügel

Spinnwarze Organ, durch das der Spinnenseidenfaden aus dem Körper einer Spinne oder Insekts austritt

tarnen Erscheinungsbild verändern oder mit der Umgebung verschmelzen

toxisch giftig

Tracheen Atmungskanäle, die das Atmungsystem der meisten Insekten und vieler Spinnen bilden

Stichwortverzeichnis